바늘귀를 꿰며

안복수시집 | 바늘귀를 꿰며

찍 은 날 | 2009년 5월 10일
펴 낸 날 | 2009년 5월 15일

지 은 이 | 안 복 수
펴 낸 이 | 나 문 석
펴 낸 곳 | 도서출판 두엄
주 소 | 대구광역시 중구 남산3동 582-7
(053) 423-2214
등록번호 | 제 03-01-503호
E-mail | dueum@hanmail.net

값 7,000원
ISBN

안복수 시집

바늘귀를 꿰며

두엄

시인의 말

시를 만날 때 마다 운명처럼 끌리는 마음을 접을 수 없어 한복 바느질 하면서 틈틈이 시 창작교실로 달려 간 것이 10년전 쉰 여섯 되던 해였다. 돌이켜 보면 막막한 감동에 이끌려 습작을 시작했는데 예순을 넘어 너무 많이 걸어 온 길을 돌아 보며 늦게나마 시인이라는 이름을 달고 늦가을 소담스런 국화꽃 한 송이를 가꾸는 마음으로 삶을 시로 피워 내고 싶은데, 아직도 덜 여문 과일을 담아 내는 부끄러움을 가지고 감히 세상에 내보내면서 누군가 단 한 줄이라도 읽고 마음 끄덕이는 이 있다면 보람이 되겠다. 여기까지 오는 동안 자상하게 이끌어 주신 이응인 선생님과 밀양문학 문우 여러분께 감사를 드린다.

ㅁ 차례

제1부

10 | 가을 새벽
11 | 겨울 여백
12 | '개' 자 와 '참' 자 사이
14 | 밟히는 것
15 | 그때 돈 요새
16 | 깻잎 밭에는
17 | 산골 마을 풍경
18 | 콩꽃 피는 밤
19 | 명품
20 | 문
21 | 밀양이 뛴다
24 | 바람 부는 날
26 | 봄
27 | 봄이 열리는 소리
28 | 사랑이라 하지 말자
29 | 생존경쟁
31 | 아뿔싸
33 | 알까?
35 | 고추를 따며

2부

37 | 검정 고무신
39 | 경계
41 | 고집
42 | 그 집
44 | 바느질 일기 1
45 | 바느질 일기 2
46 | 바느질 일기 3
47 | 바느질 일기 4

49 | 바느질 일기 5
50 | 바느질 일기 6
51 | 바느질 일기 7
53 | 밥
54 | 돌아온 내 집
56 | 별
57 | 블루오션
60 | 상추밭
61 | 앵두맛
63 | 차이
64 | 텃밭
66 | 품고
68 | 배추의 변

3부

70 | 고야천
71 | 구현품(口 口口品)
72 | 그림 한 장
73 | 그믐달
74 | 길
76 | 까치마을
77 | 까치밥
78 | 꼬마의 창
79 | 나무들도 제 소리를 낸다
80 | 달이 잔다
81 | 막차
82 | 세월
84 | 수수께끼
85 | 수의
86 | 자기 것만 본다
87 | 작고 하찮은 것

88 | 장독대
90 | 조각보
92 | 찻집에서
93 | 파꽃
95 | 홍단풍
96 | 해지는 남해
98 | 자귀나무 꽃

4부

101 | 교과서
103 | 금딱지나물
104 | 낮달
106 | 보이네
109 | 동행
110 | 두 개의 우주
111 | 민들레 엄마
113 | 빈 집이 전하는 말
114 | 꽃무릇
115 | 어떤 부음
116 | 욕쟁이 아줌마
117 | 음치
118 | 천둥소리
120 | 큰 나무
122 | 하쿠나 마타타
123 | 할아버지 어깨
124 | 허기진 바람
125 | 가야지
126 | 태극기
127 | {발문}이응인
손끝으로 낮은 곳을 보다

제1부

가을 새벽

새벽 다섯 시
천 근 몸뚱이 들어올리고
새벽을 깨운다

성경책 끼고 대문 앞을 나서면
이름 모를 풀벌레 소리
아름다운 찬양 같다

낮은 곳을 본다

달맞이꽃은
정화수 같은 이슬에 세수하고
풀씨 또록또록 여물어 간다

옷고름 고쳐맨다

겨울 여백

나무는 훌훌 털어낸 지 오래다
야윈 손끝에 기도가 실타래처럼 풀리고
하늘은 저리도 군더더기 없이 맑다

언덕바지 마른 덤불은
한 생을 고스란히 쏟아 낸 빈 그릇이다

빈 그릇에 담아 놓은 여백은
매운 회초리처럼
영혼을 헹구어 낸다

'개' 자 와 '참' 자 사이

참가시나무 참가사리 참갈매나무 참갈기덩쿨 참개별꽃 참개싱아 참개암나무 참골풀 참깨 참꽃나무 참꽃마리 참꽃바지 참꿩의다리 참나리 참나무 참느릅나무 참당귀 참두릅 참마 참매미 참명아주 참미역 참바늘골 참바위치 참방동사니 참범꼬리 참소리쟁이 참서대 참실잠자리 참억새 참오동나무 참외 참으아리 참이질풀 참장대나물 참제비고깔 참조팝나무 참졸방제비꽃 참좁쌀풀 참죽 참줄나비 참종고리 참피나무 참황새풀 참회나무 참나물 참기름 참깨 참게 참가자미 참나래박쥐 참다람쥐 참돔 참새우 참우렁이(논우렁이)…

개자가 붙은 것은
'개옻 개가죽 개살구 개망초 개비름 개갓 개고사리 개꿈 개동백나무 개두릅나무 개떡 개똥쑥 개머위 개모시풀 개물푸레나무 개박하 개버찌나무 개별꽃 개방아(송장풀) 개불알꽃 개산초 개질경이 개차조기 개회나무 개황기 개회향 개산호 개복치 개볼락 개벼룩 개상어 개지네 개파리…'

참자가 붙은 것은 식용이거나 맛이 있거나 재래종이다
개자가 붙은 것은 먹지 못하거나 맛이 없거나 외래종이

다

'참' 자와 '개' 자 사이에는 건너지 못할 골짜기가 있다

밟히는 것

바싹 바싹 발밑에 밟힌다
부서진다
화려한 초록의 시절을 접고
흙빛으로 변색된 무욕의 잎새들

밟히는 것들이야 낙엽뿐이 아니다

치매를 앓으시다가 낙엽처럼 떠나신
시어머님도
지구반대편에 둥지를 튼 큰딸도
기도 제목 속에 늘 끼워 두는
힘겹게 살아가는 몇몇 이웃들
자박자박 밟힌다
기도의 동산에서

그때 돈 요새

내가 한복 바느질 처음 시작할 때
한 벌에 삼천 원 사천 원 받았는데
삼십년 지난 요즘 한 벌에 오만 원 육만 원이다

그때 돈은 장롱 속에서 가부좌 틀고 앉았는데
요새 돈은 은행통장에서 날개 달고 날아간다
그때 돈은 무겁고
요새 돈은 가볍다

깻잎 밭에는

깻잎 밭에는
팔십대 할머니와
칠십대 아줌마와
육십대 새댁이 깻잎을 따신다

물주전자 좀 가져와
저것 좀 이리 앗아 줘
팔십대 할머니, 새댁에게
주문을 하고
새댁은 심부름이 즐겁다

이랑은 초록인데
아침마다 새순에 실핏줄 돋는데
잿불처럼 사그라지는 시간은
낮달 안고 씨름하고
명주실 같은 늑골 위에
남은 저녁 햇살 멈추어 서 있네

산골 마을 풍경

늦은 봄
오전 열한시 쯤 되었을까
뽀드득뽀드득 마늘쫑 뽑는 소리 달짝한데
이장님 목소리 확성기를 탄다

동민 여러분에게 알립니더
보건소서 곽중에 연락이 와가
오늘 오후 두 시에 진료 나온다 카이
몸이 아프신 분들은 두시까지
동회관으로 나오시기 바랍니더

할매 할배만 사시는 농촌
논두렁이 고물고물 일어선다

콩꽃 피는 밤

해질녘 노을이 붉더니
밤새도록 찜통 열기가 지구의 몸을 핥아대고
매미소리 귀가 먹먹하도록 잠을 쫓는 밤
천둥번개 장단 치는 소나기 한 줄기
예고 없이 다녀가더니
이파리 주렁주렁 물방울 매달고
밤 새 내숭떨다 번지는 향
와!
자수정 대롱대롱
콩꽃이 피네
간밤의 진통에 가슴이 열렸구나

달이 허리를 굽혔다 펴는 동안
제 작은 몸무게 없은
계절의 향
있는 듯 없는 듯 콩꽃이 피었네
순하디 순한 농부의 눈망울 같은

명품

로키산맥에 가면
벼랑 끝에 무릎 꿇고
기도하는 자세로 자라는 나무
그 나무로 만든 바이올린
명품 중에 명품이랍니다

빳빳한 다리 접어
무릎으로 사는 사람
하나님이 명품으로
만들어 내십니다

문

상설시장
내 가게 옆에
작은 출입문이 있다
밖에서는 당기시오
안에서는 미시오
안내판, 손잡이 옆에 붙어 있다
처음 오는 손님 절반은
당기시오를 밀다가 돌아가고
미시오를 당기다가 돌아선다
우리 사는 세상사
당기다가 안 되면 밀어 보지도 않고
밀어보다 안 되면 당겨 보지도 않고
포기한다면
닫힌 문은 열리지 않으리라

밀양이 뛴다

앞 강물에 금빛 실타래 물고
팔딱팔딱 뛰어 오르는
은피리 떼가 아니고
은어 떼가 아니고

들판에 어미소 곁을 떠나
마음껏 뛰는
송아지가 아니고

대나무 막대 잡고 전쟁놀이 하느라
언덕 위를 펄떡펄떡 뛰는
꼬마들도 아니다

측량기사 잣대 들고 뛰어다니더니
뒤따라 굴삭기가 뛰고
대형 트럭들이 줄을 이어 뛰더니

고속도로가 만들어 지고
24호선 국도가 넓어지고

부산 대구가 가까워지고
울산 마산이 가까워진다더니

부동산 아저씨 꽁무니를 따라
땅값이 뛰고
집값이 뛰고

도로공사에 비싼 값으로 땅 넘겨준
건너 마을 아저씨
어깨도 뛰고

낮은 곳은 뛰어 오르고
높은 곳은 뛰어 내려
거꾸로 쳐 박혀도

빽빽한 햇볕은
깻잎 위에서
얼음골 사과나무 위에서도 뛰는데

넓어 진 국도 따라
빨라 진 고속도로 따라
땅지기가 되어야 할 밀양 아이들
대처로 다 뛸라

바람 부는 날

눈에 보이지 않는 바람
나무가 흔들리면 바람 분다고 한다
꽃을 지나오면 꽃바람
숲을 지나오면 푸른 바람이 된다지만

유년의 뜰에 큰 바람 부는 날은
그 한복판에 어머니가 계셨다
바람은 어머니의 고추밭에 불어
애지중지 고추나무는 부러지고
내 어머니의 통곡은 바람을 탔다

이순의 뜰에 바람이 불었다
남편의 언어를 앗아가고
잃어버린 언어를 좇아
남편은 늘 바람을 안고 다닌다

바람이 불면
큰 나무는 큰 소리로 울고
키 낮은 들풀들 파도로 눕는다

생의 한 순간
바람을 타고
우주의 한 자락이 저물어 간다

살아 있는 날에는
늘
바람이 분다

봄

가을 들녘 같은 우리 집에
봄이 왔다
외손녀 강보에 묻어 왔다

여린 싹에 솜털 포근한 하품을 물고
양지쪽에 게워내는 기지개가 있다
새순에 물 오르는 울음소리도 들리고
수선화 꽃잎 노오랗게 벙그는 응가도 있고
꽃밭에 폴폴 나비잠도 있다

꽃망울 불거진 봄을 안고
맴을 돌다 지친 저 바람도
두 볼에 빠알간 동백꽃
달짝하게 피워내고 있다

봄이 열리는 소리

쉬이잇!
가만히 귀 기울여 보세요

뿌지지직, 지구가 기지개 켜는 소리
생생생, 꽃샘바람 지나가는 소리
배시시, 새싹 눈 뜨는 소리
찰찰찰, 여울물 흐르는 소리
퐁퐁퐁, 꽃눈 터지는 소리
싸싸싹, 연두빛 번지는 소리

콩닥콩닥, 꽃망울 가슴 두근거리는 소리
우루루루, 오일장에 봄나물 달려오는 소리
사르르르, 양지쪽에 강아지 낮잠 드는 소리
따실따실, 햇살에 살 오르는 소리
따그르르, 장독대에 햇살 구르는 소리
바스락바스락, 농부가 씨앗 봉지 뜯는 소리
토독토독, 할머니 외출에 앞서가는 지팡이 소리

가만히 가만히 귀 기울여 보세요

사랑이라 하지 말자

배고픈 사람에게
빵 하나 던져 주고 사랑이라 하지 말자

슬픈 사람에게
위로의 말 한마디 사랑이라 하지 말자

넘어 지는 사람에게
손 한 번 잡아 주고 사랑이라 하지 말자

병든 이웃에게
약이 되는 말 한마디 사랑이라 하지 말자

나는 네가 되고 너는 내가 되어
거꾸로 쏟아 놓기 전에는

생존경쟁

시장골목 싸전에는
비둘기 떼와 쌀장수 할머니가
날마다 싸운다

할머니가 벌여 놓은 잡곡들을
살금살금 다가와
팍팍 쪼아 먹는 비둘기 떼

에구 이놈들
할머니는 두 손 흔들어 쫓아낸다
쫓기는 데 이력이 난 비둘기들
그 정도는 물러설 맘이 없다

할머니 막대 들고 달려 나오고
비둘기는 맞은편
서울 의류마트 옥상에서 내려다보다가
할머니 한 눈 팔면
얼른 내려와 팍팍 쫀다

먹어야 살고
쫓아야 살고

아뿔싸

담 밑에
여름 내내 무성히 자란 잡초를 뽑다가
잔가지 무성한 명아주 한 포기
확 잡아당기는데

아뿔싸

지푸라기로 돌돌 엮어 지어 논
집 한 채
아기 네 마리
아직 털도 안 난 것이
두 마리는 그만 땅에 떨어지고
풀숲에서 절규하는 어미 새의 울음소리

떨어진 두 마리를
살짝 집어 새집에 담아 놓고
하던 일 멈추고 돌아서는데
안부가 궁금하다
들여다 볼 수가 없다

혹여
잘못 되었을까봐

알까?

바다는 알까?
아낌없이 채우는 큰 강이 있어
바다가 마르지 않는다는 것을

큰 강은 알까?
시내가 굽이굽이 돌고 돌아
먼 길 달려 와
큰 강이 흐를 수 있다는 것을

시내는 알까?
실개천이 붙잡은 줄기 하나
목마르게 이어져 내려
시내가 굽이칠 수 있다는 것을

실개천은 알까?
산골짝 능선이
어머니의 유방처럼
젖줄로 뽑아 올려
모여서 넘어오고 기다렸다 돌아오고

땅속에 스몄다가 다시 만나
바윗돌 사이사이 살점 깎아 이어온
계곡의 수고를

실핏줄에 목숨 걸고 야윈 생을 이어온
계곡이 있었음을
바다는
더더욱 알까?

고추를 따며

진초록 잎새 사이사이
선홍빛 고추를 딴다
탐스럽게 잘생긴 놈
크고 튼실한 놈이 있는가 하면
벌레 먹은 놈
물러 빠진 놈
쭈그러져 못 생긴 놈 심심찮게 섞여 있다
사람 사는 이야기 고추밭에서도 듣는다

제2부

검정 고무신

참꽃 소식 바람을 타면
우루루 뒷산에 올라
아름아름 분홍색이
뱃속까지 꽃물이 들어
산을 흔들었다

햇살이 뛰노는 동네 뒤 언덕바지에
풋보리 같은 풀 속을 뒤지며
볼록볼록 배부른 삘기를 뽑아내고
한 줌 뽑아 쥐는 재미에
해 저무는 줄 몰랐었다

먼동이 열리는 새벽이면
연둣빛 잎새 사이로
감꽃들이 요란스럽게 떨어지고 있었다
아이들은 새소리처럼 몰려들었다
떨떠름하고도 달콤한 맛
입이 심심한 아이들에게
한나절 달래주는 심심풀이

그때는 보리밭 깜부기도 고소했다
입이 까만 아이들을 담고 다니는
검정 고무신은 자주 찢어졌다
봄볕에 익은 어머니는 축담에 걸터앉아
검정 고무신을 꿰매셨다

두근거리며 감꽃이 피고
꿈틀거리는 정맥 위로
황홀한 산야가 신음을 했다
들을 누비고
산을 누비고
검정 고무신은 뛰어 다녔다

경계

경상남도 밀양시 산외면
비학산 꼬리에 자리 잡은
허름한 블록담장, 경계 그 너머에
볼품없는 벽돌집 한 채
봄이면 살구꽃이 피고
텃밭에는 푸성귀가 주인을 닮았다
앞마당에, 꽃잔디 가득 끼득거리고
온갖 꽃들이 계절을 귀띔한다
제비꽃 민들레 주름잎 질경이는
몰래 들어와 새끼를 치고
게으른 주인의 눈치를 살핀다
유월이 되면
살구나무는 제 그늘 둘레만큼 노오란
제 알들을 쏟아 내고
앞뒤 뜰에는
오밀조밀 홍보석 구워내는 보석나무
보리동 앵두 탐스러워라

아침에 창을 열면

한 폭의 푸른 하늘이
마당에 가득 들어와
밤사이 안부를 묻는 곳
경계 안팎에 호박 넝쿨이 오르고
여름 내내 둥실둥실 달이 하나씩
내려와 앉는다

경계는 시간을 비켜가고
허름한 세간은 때 묻은 시구를 풀어내는데
따라온 오솔길은 대문에 걸린다

밀양땅 산외면 비학산 꼬리
블록담장 그 너머에
가을이면 낙엽도 차곡차곡 쌓이겠고
겨울에는 바람도 가득 불러들이겠네
찰찰 넘치도록
돌돌 구르도록*

*정지용 시 '바다 9' 에서 빌려 왔음

고집

저고리 다 만들고 나면
마무리하는 일은 동정 다는 일이다

구겨져도 안 되고
부러져도 안 된다
얼룩이 묻어도 안 되는
정갈하고 하얀 동정

동정은 고운 저고리 깃 위에서
완성이고
멋이며
고집이다

날마다 동정 달고 싶다
내 삶이 다하는 날에도
마침표 찍듯

그 집

햇살 도타워 지더니
마당 가운데 목련나무
하얀 나비 떼 불러 모아
날갯짓 요란하고
수선화 잠이 깨어 눈 비비고 일어나
아침부터 웬 요령소리 딸랑 딸랑
담장 모서리 살구나무
백열등 환하게 달고
밤샘하는 소리 시끄러운데
불빛 훔쳐 화장한 개나리
해맞이 하는 얼굴 저리 고울까
엊저녁에 지나가는 달 불러 들여
연애질을 했나?
동백은 볼이 빨갛게 달아오르고
덩달아 가슴 벌렁한 그 집 할아버지
대문 여닫는 소리 잦아졌는데
대문 안팎에 깔린 꽃 잔디
보랏빛 별 눈 초롱초롱 떠고서
들락날락 할아버지 거동에

헤죽헤죽 웃는다

봄에는
그 집이 시끄럽다

바느질 일기 1

–첫수입

나락농사 보리농사
돈도 안 되고 일 도둑놈
에라 모르겠다
전세 칠십만 원짜리 시장골목 문간방에
재봉틀 한 대 앞세우고
경운기 소리 요란하게
짐 보따리 쏟아 놓던 날
아직 재봉틀이 제 자리 찾기도 전에
날 찾아온 손님
다방 아가씨 저고리 하나
잘 했다며
받아 쥔 첫 수입
삼천 원

그날 밤
방문 앞에 쏟아지는 달빛은 왜 그리 밝은지
달빛만 안고 뒤척이고

바느질 일기 2
–손님은 왕

고객은 왕이라고 했던가

옷 찾으러 온 손님 중에
탈도 아닌데 딱지 뜯는 사람
무서운 왕이고

탈이 났는데
그럴 수도 있지 넘기는 사람
더 무서운 왕이다

바느질 일기 3
-바늘귀를 꿰며

드르륵드르륵 땀 흘리는 고속 미싱도
때로는 실을 끊어 먹는다
고달픈 몸 잠시 쉬자는 게지
바늘귀 다시 꿰는 것쯤
눈 깜짝할 사이
손끝에 바늘이 딱 닿으면
각도만 맞추면 쏙 들어간다
눈으로 꿰는 것이 아니라
손끝으로 꿴다
수십 년 경력으로 얻어진
나의 이력서다

근데
환갑을 넘기고도
인생사 확 꿰지 못한다
사는 일은 실수투성이다

바느질 일기 4
–아무도 모르지

모르지
바느질 보따리 들고 들어서는 사람
어깨에 힘 들어가고
말에 바람 들어 있는 줄은
아무도 모르지

그 사람 앞에
내가 작아지는 줄은
아무도 모르지

깨끼 솔기에 재봉틀 쪽발 미끄러질 때
비단 올 하나씩 세고 있는 줄은
아무도 모르지

옷 찾으러 온 손님
하늘보다 더 무서운 줄
아무도 모르지

맵고 찬 꽃샘추위는

삼월에만 있는 줄 알았지
내 한복 가게에
시도 때도 없이 찾아오는 줄은
아무도 모르지

챙겨준 옷 가방 들고
참 예쁘네예 우째이래 잘 합니꺼
수고 했습니더
활짝 웃는 얼굴 보면
행복을 넝쿨째 거머쥐고
살 맛 나는 줄은
아무도 모르지
모르고 말고

바느질 일기 5
–단골손님

바느질 첫해부터 삼십 년 단골이 된 예림 아지매
내 손이 지나가야 맘에 딱 든다는 가곡동 아지매
이 집 바느질 제일 예쁘다고 자랑하는 위양에 사는 키 큰 아지매
어쩐지 한마음 한복집이 좋아 일가친척 다 데리고 오는 무안 판곡 아지매
일감 있을 때마다 찾아오는 우리동네 살래댁 희곡댁
종이 위에 다 못 올리는 단골손님들
고마운 사람들
삼십 년 바느질 하면서 손끝에 나는 힘은
고마운 단골손님 덕일 테지
아무렴 그렇고말고

바느질 일기 6
–한복 가게 접던 날

짐을 정리한다
잡다한 물건들을 챙기며
버릴까 말까
담을까 말까
자투리 천들이 눈에 걸린다
배운 도둑질 못 버리는 일 욕심쟁이다

이삿짐 싣고
부르릉 떨며 떠나는 트럭소리에
고목나무가 쏟아 내는
낙엽소리 와르르 들리고
마당까지 전송 나온 하현달은
돌아갈 줄 모르고 내려다보고 있는데

마이 내삐리고 왔는데 와이래 많노
옛날 족탈기로 나락 타작할 때
가을 뒷마당 짚북데기다

바느질 일기 7
-떠나는 마음

돈 한번 벌어 보자고
재봉틀 한 대 앞세우고 찾아든 시장 골목
하루같이 지나간 삼십 년 뒤돌아본다

더 좋은 조건 찾아 이사 다니느라 고생했다
까다로운 손님 비위 맞추느라 애썼다
쌓이는 일감에 밤도 낮도 없이 일하느라 참말로 고생했다
알뜰살뜰 텃밭에 거름 하느라 애썼다

새파란 삼십대 중반에 찾아든 시장 골목
육십을 넘긴 이 몸뚱이 한풀이하자고 떠난다
잠 실컷 자고 너른 세상 한 번 돌아보자고 떠난다
손자 손녀 재롱 보며 크게 한 번 웃어 보자고 떠난다
미싱 바퀴에 미끄러져 골병 든 몸뚱이
구석구석 싸매보자고 떠난다

떠나와서 다시 그 자리가 그리워도 좋고
후회 없으면 더 좋으리라
그리고 화창한 봄날이 오면

꽃등에 불이라도 당겨 보리라

밥

밥 무웃나?
밥 무우라
밥 묵자
하루 새끼 밥을 챙기는 내 입에
늘 붙어 있는 말이다

어느 날 속이 거북해
밥을 한 끼 거르는 지 엄마한테
다섯 살 손녀가 하는 말
엄마 밥 먹어야 돼
밥 안 먹으면 할머니가 실망해

고것이 벌써
밥의 진리를 꿰뚫었다

돌아온 내 집

이집 안주인
여름 석 달을 미국 딸네 집 갔다 돌아와 보니
요놈의 잡초 동네에 소문이 났는가 보지
안주인 없다는 소문
저들 끼리 숙덕숙덕 옆구리 찔렀던 게지
명아주 방가지똥 방아 비롬은
위로 치솟고
바랭이 닭의덩쿨 달가비덩쿨은
키 큰놈 타고 오르고
제비꽃 주름잎 민들레는
양지쪽 틈 사이마다 나풀나풀
아들 손자까지 대가족인데
안주인 팔 걷어 올리고
잡초와의 전쟁에 돌입
낫으로 확확 쳐 내는데
주루룩주루룩 쏟아 내는 저들의 씨앗
이놈들 이미 할일 다 마쳤다
승부는 끝이 나고
흙밭에 털석 주저앉아 하늘을 쳐다보니

하늘 아래 살아가는 이치는
저들에게 배우라네.
키 큰 놈 큰 놈끼리
기는 놈 기는 놈끼리
작은 놈 작은 놈끼리
싸우지 않고 어울리는 걸

별

내 예쁜 손녀 손자
하루 종일 쫑알쫑알 꿈을 쏘아 올린다
할머니이이이
아침부터 어리광이 꿈이 되어
별 하나 만들고

할머니 이거 뭐야?
할머니 저거 뭐야?
초롱초롱한 세 살배기 손녀 눈망울
별을 만들고

첫돌배기 손자 놈
앉아서 놀다가 쿠당탕
뒤로 넘어져 별 하나 띄우고
앞이마 들이받아
또 별 하나

밤이면 하늘에 찬란한 저 별들
내 예쁜 아가들 쏘아올린
꿈

블루오션

태종대에 가서 하루 놀자꼬
부산에 사는 소꼽친구 명자캉
전화통에 불 지르다가
몇 달로 배라 가지고
오늘 하루 만난능기라

우주를 허리에 얹은 명자
물팍에 얹은 내가
구부정한 허리와 다리를 가지고
둘이서 참말로 가관인기라
자갈마당 까마득한 돌계단을 내리가서
유람선 타고
부산 앞바다 둥실둥실 한 바꾸 돌고
멍게 해삼 낙지회도 묵고
돈은 서로 낼라꼬 밀고 땡기고
등대 주변 숲속 비탈길을 오르락 내리락
전망대에 올라 끝도 없이 너른 바다에
속도 확 풀어 던지뿌고
삐떨어진 몸띠 가지고

흔들고 댕기다가 보이
다리는 아파도
오늘 하루
참말로 수지맞는 날인기라

살아 온 이바구 하다가
마누라 고생 몰라주는 영감쟁이
숭도 보고
마주 치다보이
지는 내가 거울이고
나는 지가 거울인기라
바보처럼 살안거
이바구 보따리 풀어 놓다가
고마, 속이 태종대 앞바다 맨쿠로
확 터지뿟능기라
가슴배기가 확 떨피뿟능기라
산다꼬 함부로 굴린 몸띠
삐그덕 소리가 나도
이만 하면

오늘 하루 수지맞는 장사 핸 거
틀림없는기라
맞다 카이

상추밭

봄이 오면 텃밭에 상추 심는다

숟가락만큼 자란 애상추
소복소복 숅음 해다가
손끝으로 살랑살랑 곱게 씻어
매콤한 고춧가루
고소한 깨소금
새콤한 식초
알맞게 간 맞춘 상추 겉절이
커다란 놋양푼에
밥 한 그릇 쏟아 넣고 비벼 놓으면
우리 삼남매 숟가락 우루루
정신없이 퍼먹고 나면
엄마숟가락 밥상 위에 놓여 있고
빙그레 웃으며 바라보시던
울엄마 얼굴
봄만 되면 상추밭 고랑에서 만난다

올해도 텃밭에 상추 심는다

앵두맛

스물다섯에 큰 딸 낳고
서른에 작은 딸 낳아
고것들 키울 적에
언제 살갑게 보듬고
뽀뽀할 시간 있었나
볼 부비며 쉴 틈 있었나
아이 잘 때
아이 놀 때
일 해야지
일만 종종거리다가
아이는 세월 따라 커 버리고

한 울타리 집 두 채로 살고 있는 딸
손녀 손자 낳아 안겨 주는데
고것 키우는 재미야
탁 치면 쏴 쏟아지는
깻단 터는 재미보다 더하지
엄마 젖 먹고 자란 고것이
찌찌를 얼마나 사랑하는지

지 엄마 먹던 찌찌도 손녀한테 내어주고
고사리 같은 손 만지작거리는 재미
사과 같은 볼 부비는 재미
쪼르륵 두 팔 벌리고 달려오면
덥석 안아주는 재미
내 새끼 키울 때 모르던 맛
손녀 손자에게 얻어먹는 이 맛
한입 가득 앵두맛

차이

박사 달고 사는 큰딸
깨소금 가져 오랬더니
참깨에 소금 넣으면 깨소금 된다고
생 참깨에 소금 넣어 가져오고

학사출신 작은딸
깨소금 볶아 먹으라고
참깨를 주었더니
냄비에 깔아놓고 뚜껑 닫고
팝콘처럼 짜자작 튀겼더니
새까맣게 타 버렸다네

박사도 학사도 아닌 엄마
살림박사 되어 사는데
딸들은 머리 굴려 살고
엄마는 몸 굴려 사네

텃밭

일상에 쫓겨
달려오다가
쉰여섯 고개 마루에 걸터앉은
허기진 영혼은

흐르는 세월에
속절없이 떠내려 보낸
꿈의 끝자락에
삶의 무게를 얹었다

평생 가꾸어 온
텃밭에
아직도 못다 영근
풋열매뿐인데

그래도 내 텃밭
자투리땅에
이랑 하나 더 일구어
겹겹이 쌓아온 꿈의 씨앗

뿌리고

또

뿌리리라

품고

미국 큰딸 집에 갔더니
엄마 여행시킨다고
그랜드캐니언 간다고
왕복 나흘 길을
운전대 잡고 달리는데
하루 꼬박 열 시간을 혼자서 운전하는 딸
뒷자리 앉아서 바라보는
딸의 등짝이 태산 같은 기라.

내가 저를 품고
이적지 달려 왔는데
인자 지가 나를 품고
쌩쌩 달리는데

대륙은 겹주름으로 펼쳐지고
고속도로는 입을 다물고
구름은 정작 제 앞에도 제 뒤에도
구름을 달고 따라오고
따가운 여름 햇살은 질투가 났는지

우리 사이에 자꾸만 끼어들고
바람이 푸른빛으로 달아나는 소리만
차창을 때린다.

배추의 변

가을 석 달을
진초록 날개 활짝 세우고
하루 종일 햇살 모아
가슴팍에 불을 지피던 암탉
날개 죽지 사정없이 쳐내고
배를 쫙 가른다

노란 병아리 켜켜 품은
배추 한 포기

속속들이 파먹고 속이 빈 사람들에게
한마디

내 속 주는 건 아깝지 않으나
먹고 속 좀 차리시오 들

제3부

고야천

그곳에 갔습니다
진초록 물빛 새-파랗게 넘실거리는 밀양댐에
덕달 사회동 족촌 고정 다 물 밑에 밀어 넣고
추억의 흔적도 함께 수장하고 돌아선 사람들
위로라도 될까 하여
그들의 이름 석 자 망향비석 등 뒤에 새기고
가슴배기에는 위로의 글 몇 자 읊었는데

아침저녁 밟고 다닌 통시길 앞마당
앞집 뒷집 마실 가던 골목길
대대로 코 박고 목숨 지킨 문전옥답 텃밭 고랑도
물 밑에 쓸어 넣고 돌아선 그 자리에
꺼이꺼이 들립니다
고야천* 물줄기 새파란 울음소리

*밀양댐에 유입되는 강 이름

구현품(口口口品)

입에서 입으로
입 소문으로 맛이 전해져서
삼삼오오 입들이 모여드는 식당 간판

입들이 모여들어 맛을 즐기고 가는
그 식당에서
우리 일행도 여섯 개의 입을 가지고
점심을 먹었다

이름값을 톡톡히 하는 그 집
문전성시를 이루었다

입이 폭탄보다 더 무섭다는 생각이 든다
세우기도 헐기도
죽이기도 살리기도
입에서 입으로 입들이 하는 일을 보면

그림 한 장

앞마당에 나풀나풀
나비 한 마리

두 팔 벌려 팔짝팔짝
다섯 살 계집 아이

그믐달

달마다 음력 그믐께 새벽이면

붉은 활시위 동산 위에 오른다

어느 명궁 저 시위 당겨

달아나는 세월 꿰어올까

길

할아버지의 아버지가 허리로 닦은
논두렁길
황소 등에 보릿고개 싣고 넘어 갔는데

아버지의 아버지가 어깨로 닦은
손수레길
쌀밥 실컷 먹어보자고
잘 살아보자고
경운기에 거품 물고 내달더니

아버지가 굴삭기 타고 닦은
고속도로 위에는
앞이 안 보이는 기름진 배들이
이제 잘 놀아 보자고
흥청망청 휘청휘청
삼천리 반쪽이 통째로 흔들거리고
먹어도 먹어도 아궁이 같은 식성이
IMF 괴물도 먹어치우고

신세대 영재들이 머리 굴려 닦아 논
사이버 공간에는
지구촌이 한마당에 멍석 깔고 앉았다

이 길 저 길
다 걸어온
촌로의 이마 위에
허허로운 세상사 겹겹이 얹히고

서쪽 하늘 붉은 노을 길 따라
고달픈 하품 한 줄
기일게 풀어 놓는다

까치마을

용평리 섬불 강둑 미루나무 꼭대기에
우리 삼형제
집 세 채 지어놓고
알 까고
새끼 치고
오순도순 살아요

삭정이 나뭇가지 얼기설기 엮은 우리 집
밤이면 별이랑 달이랑 놀다가고
아기가 새록새록 낮잠 자는 집

물여울 도란도란 흘리는 이야기
모래 위에 햇살이 놀러와
사그락 사그락 금가루 뿌리는 소리
자갈돌 동실동실 구르는 소리
부리로 꼭꼭 쪼아다가
밤마다 밤마다 시를 엮어
해가 뜨면 미루나무에 걸어 둡니다
지나는 길손이 따가도 좋으리

까치밥

남빛 너울 두르고
바람을 먹고 별을 헤아리고
빛살에 몸 뒤척이며
바알갛게 농익은 홍시
까치밥

아무나 차지해도 좋을
빈 마음 하나

꼬마의 창

이십 개월짜리 손녀 샤론이랑
옆 가게 이십구 개월짜리 용호랑
정답게 놀고 있다
용호는 샤론이를
손도 잡아 주고 만지고 감싸 주고
잘 데리고 노는데

옆에서 보고 있던
일곱 살짜리 사내 아이가 하는 말
재들 둘이 사귀네
둘이서 결혼할 건가봐

나무들도 제 소리를 낸다

봄날 사자평에 올랐다
와글와글 시끄럽다
봄 나무들이 꽃등불 하나씩 켜 놓고
제 소리들을 내고 있다

산벚꽃 목소리 벌겋게 타고
물푸레나무는
열 손가락 솜사탕 매달고 흔들어 대고
하이얀 산사나무
할아버지처럼 헛기침 소리가 크다
제비꽃 양지꽃 애기별꽃 민들레 씀바귀 애기똥풀
나뭇가지 사이로 새어나오는 빛살 따라
까꿍까꿍 뛰어 다닌다
온갖 잡목들 희안한 꽃등불 피워 물고
몸 부대끼며 감기고 서로 쥐어뜯고 사는 소리
오일장 골목에서 듣는
억순 아지매 아귀다툼 소리도 들린다
봄날 사자평에서는
나무들도 제 소리를 낸다

달이 잔다

초저녁

할머니 손잡고 마당에 나온
여섯 살 손녀
초승달을 가리키며

와아!
달이 잔다

숨소리
새근새근 들리는 것 같다

막차

소달구지도 타고
경운기도 타고
덜컹거리는 만원 버스도 타고
완행 기차표 사서
좌석 없이 흔들리며
지쳐 도착한 간이역에서
나그네는 막차를 기다린다

해님 꼬리에 노을이 타고
타는 노을에 긴 강이 흐르고
지친 나그네는
원색의 아픔을 질근질근 씹어
강물에 던지고
막차는 편안히 가고 싶다
거쳐 가는 승객들 틈에 끼어
편안히 갈 좌석표 하나 두리번두리번
나그네는 막차를 기다린다

세월

옛날 어깨동무
초등학교 동창생 여자 친구
환갑 지나 할머니 되어 만났다.

주름살 위에 분도 바르고
센 머리에 염색도 하고
잔뜩 멋을 내고 만났는데
화제는 삭아내린 육신이다.

연골이 닳아 무릎이 아프고
허리가 아파 자꾸만 구부러지고
틀니를 하고
이빨을 심고

세월의 갈피 속에
유년의 책장을 넘기다가
원색적인 세상 끝자락을 흔들어
황토 흙먼지 풀풀 날리는데

서산에 걸린 해가 끌고 가는
붉은 노을빛에
감홍시들 저절로 익어간다.

수수께끼

우츄프라 카치카
어느 나라 말인지 무슨 뜻인지 모르지만
아프리카 깊은 밀림에서
소량의 햇빛과 물을 먹고 사는
음지식물 이름이랍니다.
한 번만 살짝 스쳐도
시름시름 죽어버린다는 여린 생명
신기한 일은
처음 만진 사람이
다음 날도
그 다음 날도
날마다 만져주면
다시 살아난다는 우츄프라 카치카

야가 원하는 걸
눈치 채신 분은?

수의

여름 내내
마당에 그늘을 드리우던 아름드리 은행나무
펄펄 진초록 잎사귀
노오란 옷으로 갈아입더니
늦가을 된서리 내린 아침
화르르화르르
바람 타고 내려앉는다.
노랑 깃털 새떼들이 마당 가득
제 그림자 둘레만큼 황금 방석 깔아 놓고
마지막 예를 올린다

수의 한 벌 눈이 부시도록 곱다

자기 것만 본다

TV 화면에 온통
국회의원들 싸움판이다
야는 자기가 옳고
여도 자기가 옳다
자기 것만 본다

부엌에 가면 누이 말이 옳고
방에 가면 매부 말이 옳다

술을 즐기는 당대 최고의 풍류시인 임재라는 문객, 하루는 술에 취해 왼발에 나막신을 오른발에 가죽신을 신고 말에 올랐다 제자들이 말렸다 신을 고쳐 신고 말에 오르십시오 임재가 대답했다 그냥 두어라 왼쪽에서 보는 사람은 나막신을 신은 줄 알 것이고, 오른쪽에서 보는 사람은 가죽신을 신은 줄 알 것 아니냐

임재의 말이 TV 화면에 뜬다.

작고 하찮은 것

작고 하찮은 것이 귀에 눈에 거슬리는 것이
내 속에 들어와
나를 마구 긁어 댈 때가 있다
그 작고 하찮은 것이
자꾸만 날을 세우고
그것을 못 이겨 칼질 한 번 해버리면
쩍 한 번 쪼개지고 나면
상처가 아물기까지
많은 시간 허비해야 되리
많은 값을 지불해야 되리
구정물 튕긴 안면이 되어
편하게 마주보기 힘들게 되리
그 작고 하찮은 것
문 활짝 열고
마당에 던지고 돌아서니
거 참 잘했네 그려
大 자로 누울 수 있네

장독대

우리네 어머니들의 어머니들이
또
그 어머니들의 어머니들이
종교가 되고
가풍이 되고
맛이 되는 곳

된장이 곰삭아
어머니가 곰삭아
햇살이 머물다 곰삭아
바람이 치마폭에서 맴을 돌다가 곰삭아
눈물이 자줏빛으로 곰삭아 간장이 되는 곳

아파트에 밀리고
신세대 치즈 맛에 밀리고
국적 없는 소스 맛에 밀리고
삭아 내릴 줄 모르는
서슬 시퍼런 신세대 어머니들에게
외면당하는 장독대

아직은 시골집 모퉁이
허리 휜 할머니들의 손에 붙들려
오기를 부리고 남아 있다

조각보

1

헝겊 보자기를 풀었다
잘려나간 텃밭의 편린들이다
삼각형 사각형
긴 것 짧은 것 비뚤어진 것
자리 찾아 끼우고 붙이고
문신처럼 새긴 이랑을 만든다
비우고 버린 시간들을 줍고 다시 찾아
산비탈 다랑논 같이 어울렸다

2

너와 내가 만난 자리는
자지러질 상처로 남지만
하나가 된 우리는
아름다워라

흩어 놓으면 밟혀버릴 못난 조각
누구의 기억에도 없어질 것들이
조각보 위에서 빚어낸 한 몸

힘이다
아름다움이다
조각보 위에 달이 얹힌다.

찻집에서

늦가을 짧은 해에
그림자 길어진 오후
쪽문 열고 들어선 전통찻집
무쇠난로에 장작이 타고
장작불에 군고구마가 익어가는
구수한 흙 타는 내음이 더 좋아
여인 셋 차상 마주하고 앉았다
다도는 벗어 걸어 놓고
향긋한 녹차향에
여인네 수다향도 섞어
짠하게 우려내는
사람 내음 가득하게 퍼진다
난로에 열이 오르고
여인네 볼이 빨갛게 타고
창밖에는 노을이 타고
차향에 수다가 활활 탄들 어떠리
아까운 오후 시간표
태워 버린들 어떠리

파꽃

고운 빛깔도
예쁜 매무새도
흠모할 향기도 없지만
동글동글 동그라미 속에
우주를 품었나 보다

나비며 벌이며 작은 벌레까지
종류대로 불러들이고는
고것들의
다리와 날개와 더듬이와 궁둥짝에
동글동글 발기된 볼을 비비다가
애욕이 넘쳐
발정한 하늘과 땅을 돌돌 말아
봄철 내내 물레질
위이잉 위이잉

고것이 작아도 생명을 익혀
동글동글 동그라미 속에서
까만 씨알을 솨솨 쏟아 내고

빈 껍질로 잦아드는
아!
저 한 생의 깊이를

홍단풍

충청도 어느 산자락에서
진홍빛 뚝뚝 흐르는 홍단풍
아기나무 한그루
고이 모셔다 앞마당에 심었다
정성 다해 살렸다
이듬해 진홍빛 잎을 틔우리라
기다리고 기다리는데
검자주 빛에다 푸른빛마저
진홍이 아니다

누군가 말했다
단풍나무는 뿌리 밑에
돌을 깔거나 땅을 토박하게 만들어
발바닥이 아파야 진홍물이 든단다

진홍이, 인고의 깃발이라면
피멍 든 발바닥의 외침이라면
차라리 기름진 땅에 그냥 두고 즐겨보리라
푸르둥둥

해지는 남해

입동에 쫓겨 달려가던 해가
남해대교 교각에 걸려
금빛살 한 소쿠리 쏟아 버렸다

바다에는 금빛 비늘 번뜩거리는
고기 퍼득퍼득 뛰고
점점이 떠 있는 섬들이
빛살 주우러 달려오고
얼굴이 빨개진 해는
서둘러 숨어 버렸다
서서히 막이 내리고
바다는 검은 이불 덮고 잠이 드는데

대교 위를 달리는 승합차 안에는
지지 않는 해를 안고 사는 사람들
얼굴이 환하게 해를 닮았다

건너편 마을 사람들
언제 주워 갔나

떨어져 나간 빛살조각
집집마다 환하게 달아 놓고 있다

자귀나무 꽃

자귀나무 위에 앉아
팔랑팔랑 날갯짓을 보면
새인가 싶다가
날지 않는걸 보면
꽃인가 싶은
빨간 깃털로 치장한
자귀나무 꽃

무한 천공을 날고 싶은 꿈이
새의 형상인가
아름다워 지고 싶은 꿈이
꽃이 되었나

몸은 꽃으로 살고
꿈은 하늘로 비상하는
간절한 소원이
새의 날개를 한
자귀나무 꽃이 되었구나

그래,

너처럼 사는 건

너밖에 없지

제4부

교과서

공부를 시킨나
개똥논 한 뙈기라도 물리준 기 있나
자식한테 해준 기 뭐 있노
나아마 자식이가

시집 온 그날부터
시부모 형제 날마다 타박하던
기팔댁은
종내에는 시집 식구 의절하고
큰집에 발걸음 끊었는데

아들딸 낳아 잘 키워서
재산 많이 물려주면
효도 받고 잘 살 거라고
고향 떠나던 날
푸줏간 칼날처럼 서슬 시퍼렇게
기가 펄펄하던 기팔댁은

며느리 보고

손자 보고
효도 받고 잘 사는 줄 알았는데
노년에 만난 기팔댁은
한 옥타아브 낮춘 목소리로
자식 소용 없는기라
내 단도리 내가 해야지

부모가 교과서라더니
그 집 자식 교과서대로 사는
모범생 되었나보다

금딱지나물

늘 지나 다니는 밭두렁에
봄만 되면
자주빛 들꽃 흐드러지게 피어
발걸음 붙잡고 날 쳐다보던 그 꽃
이름도 모르고 반했는데
알고 보니 코딱지나물이란다
한 무리 듬뿍 떼어 화분에 옮겨
화단 옆에 자리 만들어 줄을 세웠더니
고것이 금방 금딱지나물 되었네 그려

어릴 적 말구루마집 딸
날마다 말꼴만 베던 그 아이
서울로 식모살이 갔는데
서울 가서 신랑 잘 만나
사장 사모님 되었다는
그 아이 얼굴이 떠오르네

낮달

마더스 병원 어르신 병동 311호
마른 덤불 같은 침대 여덟 개
그곳에 누우신 학동댁 할매

칠남매 키울 적에
큰농사 뒷바라지할 적에
치마꼬리에 휘파람 불었는데
어중간한 남자 반눈에도 안 찼는데
칠남매 치마폭에 받아 안고
두루마기 자락 걷어치운 뒤로
태풍은 수시로 불어
애간장 다 달여 내더니
팔십 줄에 얻은 호강
병원 호텔 침대
희다 못해 창백한 얼굴에
명주실 같은 머리칼이
젊은 시절 억순 아지매는 안 보인다
위로라도 될까 싶어
이웃 안부에 옛날 얘기도 꺼내 보지만

틀니도 벗어버린 오물오물 입에는
어설픈 웃음만 바람소리를 낸다

병원 문을 나서서 하늘을 보니
방금 병원에서 만난 얼굴 같은
희미한 낮달이
언제 따라왔는지 우릴 배웅한다

보이네
–언니 고희연에서

축
안갑수 권사 고희

여덟 글자 환하게 걸어 놓고
연분홍 깨끼한복
곱게 차려 입은 할머니
등 뒤에
지쳐 걸어온 나그네가 보이네

하나뿐인 동생
하나 남은 동서
아들 딸 며느리 손자 손녀
챙겨 입힌
고운 한복 속에
당신의 사랑이 보이네

하객들 모셔 놓고
활짝 답례하는 웃음 속에
마른 개울바닥 자갈 같은

당신의 근심이 보이네

육남매 길러
민들레 홀씨로 날려 보낸
자식새끼들
엎드려 절 받는 행복 뒤에
당신의 아픈 손가락이 보이네

마흔둘에 외길로 접고
좁은 길
어둔 터널
물처럼
바람처럼 지나온 길에
넘어졌다 일어선 상처 위에
싸매주고 일으켜 세우신
당신의 하나님이 보이네

장남 등에 업히어
축하 연회장을 한 바퀴

휘이 돌면서
손 흔들어 답하는
환한 얼굴에
강산이 얹힌 자글자글 주름살 위에
당신의 노을빛
곱게곱게 보이네

동행

고운 옷으로 갈아입은
낙엽 하나가, 바람을 만나
허공을 향해 길을 떠난다
나르며 구르며

두 개의 우주

딸이 아가에게 젖을 물리고 있다

사랑이 가득 부풀어 있고
아가는 사랑을 빨고
배를 불리고
한 개는 먹고
한 개는 주무르고 꼬집고 쓰다듬고

두 개의 우주는
거룩하고 위대한 집이다

그 집 속에는
샘이 있어
생명을 익혀 내고
그 집 속에
눈매 맑은 아가가 잠이 든다

민들레 엄마

칠남매 길러
동서남북 날려 보낸
민들레 밑둥 같은 임천댁 할매는

빈 대궁에 눈 시린 기다림
주렁주렁 매달고
허허하게 빈 시간들은
양지쪽에 놀러온 가난한 빛살로
팔짱 끼고
멍한 눈길 앞산에 매달고 사는
팔십 줄에 얹힌 할매

이만 원 품삯 받고
깻잎 밭에 일하고 온 날은
몸이 천 근이고 마음이 한 근인데
일 없이 노는 날은
마음이 천 근이고 몸이 한 근이라는
임천댁 할매는
겨울바람에 덤불은 널부러져도

뿌리는 고향땅에 옹이 되어 박히네

빈 집이 전하는 말
-권정생님의 사시던 집을 찾아서

허름한 오막살이 작은 블록담집
벽에 걸린 옥수수 씨 몇 자루
마당가에 돌 몇 개 위에 얹힌 양은솥
방문 앞에 오래된 짤순이
자주색 둥근 고무 물통 한 개
잡초들이 뛰어 노는 자유의 마당
주인 없는 애호박, 넝쿨을 거머잡고
주인이 남기고 간 말을 들려주고 있다.
내가 조금 불편하게 살면
땅이 행복해 진다는 그 말씀을.

꽃무릇

보고 싶어
만나고 싶어
진홍으로 풀어내는 뜨거운 아픔
꽃이 되어 벙그는 늦은 여름

오늘 너를 피게 한 것은
겨울 삼동 언 땅에
불을 지피고 떠난 사랑이
네 발 아래
어머니 목젖 같은 붉은 알뿌리
묻어 두었다
꽃대궁 잡아 주는 손이 되려고

오늘 너를 피게 한 것은
볼 수 없어 눈 먼 사랑이
만날 수 없어 절절한 사랑이
발밑에서 잠든 사랑이
지상에 뿜어내는 고백이다

어떤 부음

창밖에는 어제 내린 봄비가 자목련 꽃술에 대롱대롱 보석처럼 매달려 눈이 부시고 부엌에는 밥 끓는 내음 모락모락 새어 나오고 그릇 부시는 소리 달그락달그락 사람 사는 소리 달짝하게 번지는 아침 조금은 이르다 싶게 전화벨 요란하게 울린다

초등학교 동기 재용이가 마침표를 찍었단다 심장 마비란다

만날 때마다 얼굴이 환한 친구

지체 장애를 가지고 있지만 마음은 반듯한 친구 열심히 즐겁게 잘 살더니 가는 방법도 이 봄에 벚꽃에게 길을 물었나? 벚꽃처럼 떠나버린 친구

사람 사는 소리가 갑자기 씁쓸한 아침 자목련 꽃술에 달린 보석 같은 이슬방울이 눈물방울이 되어 서글퍼진다

욕쟁이 아줌마

상설 시장
식육점 안주인
짧고 굵은 그 아지매
동동 걷는 걸음걸이에
뒤꿈치마다
욕이 데굴데굴 따라 다닌다

구수한 냄새가 나는
그 아지매 욕은
아는 사람은 다 안다

그런데
고기를 팔 때는
덤으로 얹는 고기가
욕덩이보다 크다

음치

불러도 불러도 노래가 되지 않는 불협화음

높낮이가 맞지 않는 음치들의 합창

티격태격 불러온 지 사십 년 넘고 보니

불협화음도 음악으로 건져올린다

아무도 따라 부르지 못하는 어려운 노래를

천둥소리

유년의 햇살 도타운
오월 어느 하루
고요로 열린 아침
조반상 즐겁게 물린 우리 식구
일상의 베틀에 삶을 짜는데

맑은 하늘에 날벼락 치는 천둥소리
온 마을 흔들리고
아랫마을 정수가
한걸음에 달려와 우리 집에 전한 비보
고기 잡아 오겠다고 나간 오빠
고기도 잡기 전에
손에서 벼락 터져
온 천지가 흔들린 천둥소리라고

싸늘하게 식어서 돌아온
외아들인 오빠

그날 이후 우리 집은 해가 뜨지 않았다

아버지는 말을 잃고
하늘에 별만 헤고
엄마는 웃음 잃고 소낙비만 뿌리고

유년의 그날 그 천둥소리
반세기의 세월도
쓸어내지 못하고
어머니의 무덤가에서
아직도 듣는다

큰 나무

텍사스 참말로 큰데예
여기 나무도 억수로 큽니더
아름드리 나무들이 집집마다
앞뒤 뜰에 가득한데
우리 동네 사람들 왼새끼줄 걸어놓고
제사지낼 감이라예
장정 몇 아름드리 목련꽃 나무가
하늘이 캄캄하고
하늘을 받치고 선 대추나무는
아기 주먹만한 대추 주렁주렁 달고선
새들의 먹이로 다 내어주고
이 큰 나무들은 온갖 잡새를 다 품고 사는갑네
아침이면
찍빡빡빡 찌직찌직 삐익삐익

근데 더 큰 나무는예
다섯 자 남짓한 우리 큰딸
미국에 뿌리 내린 지 열다섯 해 쯤 되는데예
이기 박사가 되더마는

온갖 잡새를 다 품고 사네예
가방 달랑 들고 들어온 유학생 부부
살림 차려 주고
잠잘 데 없는 학생 재워 주고
김치 된장찌개 심심찮게 미기고
어학 연수생 들어가는 문 열어주고
살아가는 방법 갈차 주고
등록금 없어 풀 죽은 학생
해결하는 길 열어 주고
여기 키 큰 사람들이
올려다보는 나무가 되어 있는데예
고마 아가 너무 커뿌가지고 나도 버거바서

하쿠나 마타타*

검은 대륙에서 온
까만 아이들의 합창
우리 눈에 낯선 세상
쓰레기 더미에서 주운 아이도
호적이 없는 아이도
5음계를 뛰어 넘어
7음계 노래에 꿈을 실었다
케냐 고르고츠에서 온 까만 천사들
찬양 곡도
아리랑, 새야새야, 도라지,
스물여덟 가닥이 한 가닥처럼 풀려나온다
은쟁반에 옥이 구른다
저들은
하쿠나 마타타란다
코리아도 하쿠나 마타타! 외치고 싶다
하쿠나 마타타!
하쿠나 마타타!

* 아무 문제 없어요

할아버지 어깨

아들네집 가신다는 할아버지
십팔만 원짜리 한산모시 남방
큰맘 먹고 맞추어 입으셨다

모시옷 자랑에 어깨 으쓱 올리고
겨드랑이에 바람 불러들이는
할아버지 느릿느릿 걸음걸이를
성성한 여름 햇살 앞질러 가네

허기진 바람

앞집에 이사온 지 삼사 년이나 되었을까
할아버지 할머니 두 분이 살고 있는데
할매는 깻잎 따고
할배는 술만 취해
골목에 건드렁 건드렁 다니더니
저 집은 저렇게 사는갑다 예사로 생각했는데
목련꽃 반쯤 열리는 봄날 오후
앞집 할매 목이 말라
제초제 한 병 마시고
목마르지 않은 곳으로 떠났습니다

며칠 후
허리 시리고 목마른 할배
갈빗대 빠진 자리 쓸어안고
아들 품으로 자리 옮기는 날
신작로에 허기진 바람만 휑하니 맴을 돕니다

가야지

가야지
가야지이
자석들 애 안 미기고 곱기 가야지
두 할머니 걸어가며 나누는 이야기

삼거리 길에서
잘 가제이
손 흔들어 인사하고 돌아 서는
등 뒤로
겨울 산 그림자 길게 따라간다

태극기

미국땅에 살면서
집 앞 베란다 위로 호박넝쿨 오르는 집
뒷뜰에 잔디 파내고 깻잎 고추 심은 집
부추밭이 잔디밭 보다 더 푸른 집
물어 보나 마나
한국사람 사는 집
한국의 하늘 펼쳐놓고
한국의 뜰도 벌려놓고
깻잎 고춧잎 호박잎이 태극기다

발문跋文

손끝으로 낮은 곳을 보다

이응인(시인)

칠팔 년 전이다. '시창작교실' 이란 이름을 걸고 몇몇이 모여서 시 공부를 한 적이 있다. 여기저기서 읽은 괜찮은 시들도 함께 나눠 보고, 습작에 가깝긴 했지만 자작시도 꺼내 보이고, 쉬운 문학 이론서도 같이 읽었다.

그때, 상설시장에서 한복집을 하며 우리 모임에 부지런히 나오는 분이 있었다. 그가 바로 안복수 시인이다. 시도 부지런히 써 냈지만, 무슨 말이든 시원시원하고 솔직해 상대를 편하게 해 주었다. 내보인 시에는 삼십 년을 한결같이 바느질로 살아온 손끝의 야무진 힘이 느껴졌고, 몽상가들의 흰구름 잡는 소리가 없어 좋았다. 게다가 이미 이순을 앞두고 있어 생의 이치를 읽어버린 그윽한 눈빛도 느낄 수 있었다.

몇 년 뒤 안복수 시인은 밀양문학회에 들어와 '시창작

교실'에서 맺었던 인연의 끈을 이어가게 되었다. 그러는 동안 반평생을 함께한 한복집을 정리하고 인생 이모작, 시와 함께 새로운 삶을 시작했다. 그 뒤로 시 쓰는 일은 새벽 기도처럼 꾸준히 이어졌다. 이제 시를 향한 그의 늦깎이 공부가, 때 늦은 사랑이, 한 권의 시집을 엮는 데 이르렀다.

ㄱ) 바늘 구멍으로 세상을 보다

드르륵드르륵 땀 흘리는 고속 미싱도
때로는 실을 끊어 먹는다
고달픈 몸 잠시 쉬자는 게지
바늘귀 다시 꿰는 것쯤
눈 깜짝할 사이
손끝에 바늘이 딱 닿으면
각도만 맞추면 쏙 들어간다
눈으로 꿰는 것이 아니라
손끝으로 꿴다
수십 년 경력으로 얻어진
나의 이력서다

근데

환갑을 넘기고도
인생사 확 꿰지 못한다
사는 일은 실수투성이다

–〈바느질 일기 3(바늘귀를 꿰며)〉 전문

어떤 일이든 한 삼십 년 노력이 쌓이면 그 분야에서는 도사가 되게 마련이다. 도사는 초보하고 똑 같은 일을 해도 마음 두는 곳이 다르다. 고속 미싱이 '실을 끊어 먹' 으면, 초보들은 '왜 이렇게 말을 안 듣지' 라고 반응한다. 고수는 다르다. '고달픈 몸 잠시 쉬자는 게지'. 그래 너도 고생이 많았다. 이런다. '바늘귀 다시 꿰는 것쯤' 이야 '눈 깜짝할 사이' 에 끝난다. '손끝에 바늘이 딱 닿으면' '쏙 들어간다'. 초보들이야 바늘귀에 눈을 맞추지만, 고수들은 '눈으로 꿰는 것이 아니라 / 손끝으로 꿴다'. 그래 손끝으로.

그런데 이런 고수들에게도 함정이 도사리고 있다. 자신이 바늘귀 꿰는 데 도사라고 세상 일 꿰는 것도 도사려니 생각한다. 아니, 착각한다. 세상은 바늘귀 꿰듯 호락호락하지 않다. 진정한 고수들은 이것을 안다. '환갑을 넘기고도 / 인생사 확 꿰지 못한다' 는 것을, '사는 일은 실수투성이' 라는 걸 받아들인다. 이 시의 마지막 넉 줄이야말로 안복수 시인다운 통찰이고, 생의 고수로서 자세를 보여주는 부분이다. 안 할 말로 우리 주변에 세상을 손끝으로 꿴다고 착각하는 근엄한 이들이 얼마나 많은가. 이들은 결코 인생의 고수가 될 수 없으리라.

ㄴ) 낮은 곳을 보는 맑은 눈

새벽 다섯 시
천 근 몸뚱이 들어올리고
새벽을 깨운다

성경책 끼고 대문 앞을 나서면
이름 모를 풀벌레 소리
아름다운 찬양 같다

낮은 곳을 본다

달맞이꽃은
정화수 같은 이슬에 세수하고
풀씨 또록또록 여물어 간다

옷고름 고쳐맨다

—〈가을 새벽〉 전문

가을 새벽이라! 안으로 맑고 깊게 여물어간다. 새벽 기도를 나서며 듣는 '풀벌레 소리'는 '아름다운 찬양'이다. 가을 새벽, 깨어 있는 이에게 아름다운 찬양 아닌 게 있을까? 안으로 깊어지는 가을 새벽, 눈은 '낮은 곳을 본다'. 새벽 이슬에 곱게 씻은 달맞이꽃 봐라. 채 가시지 않은 어둑발에 '풀씨 또록또록 여물어간다'. 낮은 곳에서, 어둑발 속에서 여물어 가는 것들이 '옷고름 고쳐' 매게 한다.

옷고름 고쳐매는 겸허한 태도는 자신을 비워낼 때 가능해진다. 〈겨울 여백〉에서도 보여 주듯 시인은 '훌훌 털어낸 지 오래다'. 훌훌 털어버렸기에, '야윈 손끝'이 가련하게 보이지 않고, 그 손끝에서 '기도가 실타래처럼 풀리고' 하늘은 '군더더기 없이 맑다'. 그 군더더기 없이 맑은 눈으로 세상의 낮은 곳을 바라본다. 시인에겐 '언덕바지 마른 덤불'도 '한 생을 고스란히 쏟아 낸 빈 그릇'이다. 텅 비어서 다른 것들이 들어차게 하고, 텅 비어서 쓸모를 만들어내는 그릇. 겨울 나무처럼 헛된 욕심을 훌훌 털어내고 갖게 된 군더더기 없이 맑은 눈. 그 맑음은 그가 얻고자 하는 내면 세계이자 궁극적으로 바라는 세상의 모습이기도 하다.

ㄷ) 빈 자리에 새 생명의 봄이 오네

가을 들녘 같은 우리 집에
봄이 왔다
외손녀 강보에 묻어 왔다

여린 싹에 솜털 포근한 하품을 물고
양지쪽에 게워내는 기지개가 있다
새순에 물 오르는 울음소리도 들리고
수선화 꽃잎 노오랗게 벙그는 응가도 있고
꽃밭에 폴폴 나비잠도 있다

–〈봄〉 일부

외손녀가 안고 온 봄이다. 잎을 다 털어버린 겨울 나무처럼 빈 집에, 생명의 봄을 가져온 것은 강보에 싸인 외손녀다. 새 생명이다. 이제 막 새순이 돋는 여린 싹과 갓난 아기는 하나다. '솜털 포근한 하품' 을 보라. 아기의 울음소리는 '새순에 물 오르는' 소리와 동격이다. 울음이 아니라 생명의 물이 싱싱하게 번지는 소리이다. 아기가 누는 똥은 똥이 아니다. '수선화 꽃잎' 이 '노오랗게 벙그는' 순간이다. 잠든 모습을 보라. '꽃밭에 폴폴 나비잠' 이다.

갓난아이와 새순의 동일시는 너무나 자연스럽고 포근하고 향기롭고 꿈같이 아름답다.

고사리 같은 손 만지작거리는 재미
사과 같은 볼 부비는 재미
쪼르륵 두 팔 벌리고 달려오면
덥석 안아주는 재미
내 새끼 키울 때 모르던 맛
손녀 손자에게 얻어먹는 이 맛
한입 가득 앵두맛

–〈앵두맛〉 일부

손자 손녀 키우는 재미. 눈에 선하다. '내 새끼 키울 때' 는 '일만 종종거리다가' 세월 가버렸는데, '손자 손녀에게 얻어먹는 이 맛' 에 흠뻑 젖어 있다. 안 시인에게 손자 손녀는 '한입 가득 앵두맛' 이다. 작고 예쁘고 새큼하면서도 달큼해 자꾸만 눈이 가게 만든다. 손자 손녀와 함께 사는 재미, 충만한 생명감, 반짝이는 시. 시인은 이 모든 것을 다 가졌다. 이런 행운은 누구나 쉬 만끽할 수 있는 게 아니다. 빈 그릇에 향기 가득 고인다.

ㄹ) 소중하고 아름다운 이웃들

늘 지나 다니는 밭두렁에
봄만 되면
자주빛 들꽃 흐드러지게 피어
발걸음 붙잡고 날 쳐다보던 그 꽃
이름도 모르고 반했는데
알고 보니 코딱지나물이란다
한 무리 듬뿍 떼어 화분에 옮겨
화단 옆에 자리 만들어 줄을 세웠더니
고것이 금방 금딱지나물 되었네 그려

어릴 적 말구루마집 딸
날마다 말꼴만 베던 그 아이
서울로 식모살이 갔는데
서울 가서 신랑 잘 만나
사장 사모님 되었다는
그 아이 얼굴이 떠오르네

―〈금딱지나물〉

이른 봄 작고 여리고 예쁘게 피어, 꼭 쪼그려 앉아 고개를 수그려야 볼 수 있는 꽃. 세상에, 이름이 '코딱지나물'이라니! 이 여린 것에 '이름도 모르고 반했' 다가 '금방 금딱지나물' 이란 새 이름을 붙여 준다. 코딱지나물이란 이름이 너무 마음 아파서다. 시인은 코딱지나물처럼, 대접받지 못하고 작고 여린 것들을 천성적으로 사랑한다. 그러니 '어릴 적 말구루마집 딸 / 날마다 말꼴만 베던 그 아이' 가 떠오른 건 당연해 보인다. 집안 일 하느라 공부할 기회도 놓치고, '서울로 식모살이' 가서는 갖은 고생 끝에 사장 사모님이 된 그 아이. 어릴 적 코딱지나물로 놀림받았을지 모르나, 시인의 눈에는 금딱지나물인 것이다.

이런 천성 때문에 자연히 그의 관심은 늙고 병들고 약한 이웃들에게 쏠린다. 젊어 한참 일할 때는 '어중간한 남자 반눈에도 안 찼는데', 이제는 노인 요양 병원에 누워 있는 학동댁 할매(〈낮달〉). '칠남매 길러 / 동서남북 날려보' 내고 고향에 혼자 사는 '민들레 밑둥 같은 임천댁 할매' (〈민들레 엄마〉). 시골로 이사와서 삐걱거리며 살다 할매 먼저 보내고 자식 집으로 돌아간 할배(〈허기진 바람〉). 이들이 바로 이웃이다. 그의 시가 이러한 이웃들에게 눈을 돌리는 것은 자연스럽고도 바람직한 일이다.

이제 낮고 소중한 것들을 향해 사랑을 쏟는 안복수 시인의 시가 그의 노년을 넉넉하고 향기롭게 만들어 주리라

믿는다. 그는 이미 '언덕바지 마른 덤불' 을 통해 '한 생을 고스란히 쏟아 낸 빈 그릇' 을 보았다. 게다가 나날이 부딪히는 작고 하찮은 일들이 사실은 얼마나 커다란 삶인지 그 역설의 기미를 읽었기 때문이다. 그의 시와 함께 아름다운 노년이 펼쳐지길 빈다.

그 작고 하찮은 것이
자꾸만 날을 세우고
그것을 못 이겨 칼질 한 번 해버리면
쩍 한번 쪼개지고 나면
상처가 아물기까지
많은 시간 허비해야 되리
-〈작고 하찮은 것〉